Anthologie des poèmes inoubliables

Anthologie des poèmes inoubliables

Rêver d'amour, de bonheur,
et se consoler de quelques tristesses

Éditions Le Mono
Collection « Les Grands Auteurs »

© Editions Le Mono

ISBN : 978-2-36659-283-2
EAN : 9782366592832

Un poème, s'il vous plaît !

Certains poèmes ont cette magie de rester collés à la mémoire pendant des jours, des mois, des années. Ils sont inoubliables. Faites-en l'expérience avec ces vers de Charles Baudelaire, tirés de son « Invitation au voyage » :

> *Là, tout n'est qu'ordre et beauté,*
>
> *Luxe, calme et volupté.*

Lisez-les encore, et vous verrez qu'ils resurgiront de temps en temps dans vos pensées comme un refrain dont on n'arrive pas à se défaire.

Il y a ainsi des poèmes qui parlent à l'esprit comme pour nous bercer, nous consoler à travers leur son, leur invitation à l'extase, nous porter vers des rives imaginaires par leur rythme et leur texte qui semblent confier nos maux et nos soucis aux choses et à la nature.

Les choses et la nature, voilà ce qui inspire le poète et le libère de ses pensées, comme Alphonse de Lamartine dans son célèbre poème intitulé : « l'isolement ».

Fleuves, rochers, forêts, solitudes si chères,
Un seul être vous manque, et tout est dépeuplé!

Si la poésie a ce pouvoir de parler au cœur et à l'esprit, c'est qu'en tout homme il y a une part de poète. Les sentiments les plus forts et les plus grandes émotions sont souvent exprimés en quelques mots, et il suffit de les mettre en forme pour créer de remarquables poèmes.

Le poète crée l'émotion et le rêve avec des mots qui ont une force, des phrases qui ont un son, des textes qui ont une mélodie.

La poésie a ce pouvoir de toucher l'esprit et de parler au cœur car en en tout homme il y a une part de poète ; sûrement.

Que reste-t-il alors de ce brin de poésie que nous avons tous en nous ?

Des poèmes, on en connaît tous quelques-uns. Il y en a sûrement qu'on a aimés, des poèmes ou des vers inoubliables de poètes très connus ou moins connus.

Les textes rassemblés dans ce recueil ont conquis les siècles et nourri les âmes poétiques. Ils ont bercé les amoureux dans leur rêverie, consoler les déprimés dans leur chagrin. Ils ont fait voyager l'esprit au-delà des barrières.

Lisez-les quand vous voulez : le soir pour vous endormir, le matin pour vous émerveiller de la vie qui renaît.

Lisez-les à qui vous voulez, à ceux que vous aimez.

Lisez-les, relisez-les de temps en temps, car on a tous quelque chose de poète en nous.

Georges Holassey A.

Des poèmes qui font rêver
de bonheur
de liberté
et d'amour

Un rêve de bonheur...

Un rêve de bonheur qui souvent m'accompagne,
C'est d'avoir un logis donnant sur la campagne,
Près des toits, tout au bout du faubourg prolongé,
Où je vivrais ainsi qu'un ouvrier rangé.
C'est là, me semble-t-il, qu'on ferait un bon livre.
En hiver, l'horizon des coteaux blancs de givre ;
En été, le grand ciel et l'air qui sent les bois ;
Et les rares amis, qui viendraient quelquefois
Pour me voir, de très loin, pourraient me reconnaître,
Jouant du flageolet, assis à ma fenêtre.

François Coppée
Promenade et Intérieurs

Sensation

Par les soirs bleus d'été, j'irai dans les sentiers,
Picoté par les blés, fouler l'herbe menue :
Rêveur, j'en sentirai la fraîcheur à mes pieds.
Je laisserai le vent baigner ma tête nue.

Je ne parlerai pas, je ne penserai rien :
Mais l'amour infini me montera dans l'âme,
Et j'irai loin, bien loin, comme un bohémien,
Par la Nature, - heureux comme avec une femme.

Arthur Rimbaud
Poésies

Le meilleur moment des amours

Le meilleur moment des amours
N'est pas quand on a dit: Je t'aime.
Il est dans le silence même
À demi rompu tous les jours;

Il est dans les intelligences
Promptes et furtives des cœurs;
Il est dans les feintes rigueurs
Et les secrètes indulgences;

Il est dans le frisson du bras
Où se pose la main qui tremble,
Dans la page qu'on tourne ensemble,
Et que pourtant on ne lit pas.

Heure unique où la bouche close
Par sa pudeur seule en dit tant!
Où le cœur s'ouvre en éclatant
Tout bas, comme un bouton de rose.

Où le parfum seul des cheveux
Paraît une faveur conquise...
Heure de la tendresse exquise
Où les respects sont des aveux

Sully Prudhomme
Stances et Poèmes

Soif d'un baiser

Comme une ville qui s'allume
Et que le vent vient embraser,
Tout mon cœur brûle et se consume,
J'ai soif, oh ! j'ai soif d'un baiser

Baiser multiplié que l'homme
Ne pourra jamais épuiser,
Ô toi, que tout mon être nomme,
J'ai soif, oui d'un baiser.

Baiser de la bouche et des lèvres
Où notre amour vient se poser,
Pleins de délices et de fièvres,
Ah ! j'ai soif d'un baiser !

Fruit doux où la lèvre s'amuse,
Beau fruit qui rit de s'écraser,
Qu'il se donne ou qu'il se refuse,
Je veux vivre pour ce baiser.

Baiser d'amour qui règne et sonne
Au cœur battant à se briser,
Qu'il se refuse ou qu'il se donne
Je veux mourir de ce baiser.

Germain Nouveau
Valentines

L'Attente

Olivier, je t'attends ! déjà l'heure est sonnée ;
Je viens de tressaillir comme au bruit de tes pas :
Le soleil qui s'éteint va clore la journée ;
Ici j'attends l'amour, et l'amour ne vient pas.

Le berger lentement regagne sa demeure ;
Tout est triste au vallon ; Olivier n'est pas là !
De notre rendez-vous lui-même a fixé l'heure.
Je n'avais rien promis, et pourtant me voilà.

Adieu, mon Olivier, je m'en vais au village ;
Pour toi je l'ai quitté ; j'y retourne sans toi.
Demain pour t'excuser tu viendras au bocage ;
J'y laisse mon bouquet, il parlera pour moi !

Marceline Desbordes-Valmore
Romances

À deux beaux yeux

Vous avez un regard singulier et charmant ;
Comme la lune au fond du lac qui la reflète,
Votre prunelle, où brille une humide paillette,
Au coin de vos doux yeux roule languissamment ;

Ils semblent avoir pris ses feux au diamant ;
Ils sont de plus belle eau qu'une perle parfaite,
Et vos grands cils émus, de leur aile inquiète,
Ne voilent qu'à demi leur vif rayonnement.

Mille petits amours, à leur miroir de flamme,
Se viennent regarder et s'y trouvent plus beaux,
Et les désirs y vont rallumer leurs flambeaux.

Ils sont si transparents, qu'ils laissent voir votre âme,
Comme une fleur céleste au calice idéal
Que l'on apercevrait à travers un cristal.

Théophile Gautier
La comédie de la mort

À celle que j'aime

Dans ta mémoire immortelle,
Comme dans le reposoir
D'une divine chapelle,
Pour celui qui t'est fidèle,
Garde l'amour et l'espoir.

Garde l'amour qui m'enivre,
L'amour qui nous fait rêver ;
Garde l'espoir qui fait vivre ;
Garde la foi qui délivre,
La foi qui nous doit sauver.

L'espoir, c'est de la lumière,
L'amour, c'est une liqueur,
Et la foi, c'est la prière.
Mets ces trésors, ma très chère,
Au plus profond de ton cœur.

Nérée Beauchemin
Les floraisons matutinales

Amour

Viens avec moi, là bas dans la prairie,
Toi dont le cœur est pur ;
Viens avec moi chercher la rêverie
Sous ce beau ciel d'azur.
Jeune fille aux yeux noirs, oui, bien plus que moi-
même,
O ! je t'aime, je t'aime.

La paquerette à l'aurore vermeille
A fait sécher ses pleurs.
Viens avec moi pour orner ta corbeille
Des plus tendres couleurs.
Jeune fille aux yeux noirs, oui, bien plus que moi-
même,
O ! je t'aime, je t'aime.

Sous cet ormeau le rossignol qui chante
Voudrait nous retenir,
Quels doux accents, il parle à son amante,
Ah ! c'est pour l'attendrir.
Jeune fille aux yeux noirs, oui, bien plus que moi-
même,
O ! je t'aime, je t'aime.

Ainsi que lui, que ma lèvre brûlante
T'exprime mes amours.

Je touche aux plis de ta robe flottante
Et te dirai toujours :
Jeune fille aux yeux noirs, oui, bien plus que moi-
même,
O ! je t'aime, je t'aime.

Un doux baiser sur ta lèvre si rose ?
Ne montre point d'aigreur.
S'aimer, le dire... est une sainte chose
Qui ne porte point malheur.
Jeune fille aux yeux noirs, oui, bien plus que moi-
même,
O ! je t'aime, je t'aime.

Charles Levesque.

L'amour de mes pensées

L'amour de mes pensées, comme de son pinceau,
Vous peint à mon esprit, si je clos ma paupière,
Je vous vois en dormant, si je suis sans lumière,
Pour m'éclairer de nuit vous êtes mon flambeau.

Si je suis sur la terre, ou si je suis sur l'eau,
Vous me suivez sur terre, et dessus la rivière,
Car je vous vois toujours et devant et derrière
La croupe du cheval, la poupe du bateau.

Encor que de mon corps le vôtre soit absent,
À mon esprit toujours votre corps est présent :
Concevez-vous cela, ma divine maîtresse ?

Si pénétrer les corps par son agilité
Est la propre action de la divinité,
L'amour m'avait bien dit que vous étiez déesse.

Pierre de Marbeuf.

Amour

Je ne crains pas les coups du sort,
Je ne crains rien, ni les supplices,
Ni la dent du serpent qui mord,
Ni le poison dans les calices,
Ni les voleurs qui fuient le jour,
Ni les sbires ni leurs complices,
Si je suis avec mon Amour.

Je me ris du bras le plus fort,
Je me moque bien des malices,
De la haine en fleur qui se tord,
Plus caressante que les lices ;
Je pourrais faire mes délices
De la guerre au bruit du tambour,
De l'épée aux froids artifices,
Si je suis avec mon Amour.

Haine qui guette et chat qui dort
N'ont point pour moi de maléfices ;
Je regarde en face la mort,
Les malheurs, les maux, les sévices ;
Je braverais, étant sans vices,
Les rois, au milieu de leur cour,
Les chefs, au front de leurs milices,
Si je suis avec mon Amour.

Blanche Amie aux noirs cheveux lisses,
Nul Dieu n'est assez puissant pour
Me dire : "Il faut que tu pâlisses",
Si je suis avec mon Amour.

Germain Nouveau
Valentines

Mignonne, allons voir si la rose…

Mignonne, allons voir si la rose
Qui ce matin avait déclose
Sa robe de pourpre au Soleil,
A point perdu ceste vesprée
Les plis de sa robe pourprée.
Et son teint au vôtre pareil.
 Las ! voyez comme en peu d'espace,

Mignonne, elle a dessus la place
Las, las, ses beautés laissé choir !
O vraiment marâtre Nature,
Puis qu'une telle fleur ne dure
Que du matin jusques au soir !
Donc, si vous me croyez mignonne,
Tandis que votre âge fleuronne
En sa plus verte nouveauté,
Cueillez, cueillez votre jeunesse :
Comme à ceste fleur la vieillesse
Fera ternir votre beauté.

Pierre de Ronsard
Les odes

Lorsque l'enfant paraît

Lorsque l'enfant paraît le cercle de famille
Applaudit à grands cris ; son doux regard qui brille
Fait briller tous les yeux,
Et les plus tristes fronts, les plus souillés peut-être?
Se dérident soudain à voir l'enfant paraître,
Innocent et joyeux.

Enfant vous êtes l'aube et mon âme est la plaine
Qui des plus douces fleurs embaume son haleine
Qu'on ose pas toucher,
Quand l'enfant vient, la joie arrive et nous éclaire
On rit, on se récrie, on l'appelle et sa mère
Tremble à le voir marcher…

Les yeux des enfants ont une douceur infinie,
Et leur petites mains, joyeuses et bénies,
Ignorent le mal encore !
Jamais, vos jeunes pas n'ont touché notre fange,
À l'auréole d'or !

La nuit lorsque tout dort, quand l'esprit rêve, à l'heure
Où l'on entend parfois une petite voix qui pleure,
Sur des ailes d'azur,
Sans le comprendre encore, vous explorez le monde.

Double virginité : corps où rien n'est immonde,
Ame où rien n'est impur !

Il est si beau l'enfant avec son doux sourire,
Ses deux grands yeux ouverts qui ne savent pas
mentir.

Dans le mal triomphant :
Préserve-moi Seigneur, d'été sans fleurs vermeilles,
De cage sans oiseaux, de ruche sans abeilles,
D'une Maison sans enfants …

Victor Hugo,
Les Feuilles d'automne

Dans la maison où notre amour a voulu naître

Dans la maison où notre amour a voulu naître,
Avec les meubles chers peuplant l'ombre et les coins,
Où nous vivons à deux, ayant pour seuls témoins
Les roses qui nous regardent par les fenêtres.

Il est des jours choisis, d'un si doux réconfort,
Et des heures d'été, si belles de silence,
Que j'arrête parfois le temps qui se balance,
Dans l'horloge de chêne, avec son disque d'or.

Alors l'heure, le jour, la nuit est si bien nôtre
Que le bonheur qui nous frôle n'entend plus rien,
Sinon les battements de ton cœur et du mien
Qu'une étreinte soudaine approche l'un de l'autre.

Émile Verhaeren
Les heures d'après-midi.

Sous les branches

Palpitante encore du bal,
Elle voulut, la blonde fille,
M'accompagner jusqu'à la grille
Où j'avais lié mon cheval.

Malgré l'appel des ritournelles,
Au jardin nous nous attardions,
Et les choses que nous disions
Étaient tristes et solennelles.

Nous avions pris le long chemin,
Nous avions pris le chemin sombre.
Je ne la voyais pas dans l'ombre,
Mais je la tenais par la main.

Nos baisers rythmaient nos paroles,
Et nous suivions, tendres et las,
La voûte obscure des lilas,
Qui s'étoilait de lucioles.

Et ma chevelure baignait,
Comme dans l'eau les pleurs d'un saule,

Son front posé sur mon épaule,
Son doux front qui s'abandonnait.

Et pour que l'opaque ramure
Couvrit notre rêve enchanté
De silence et d'obscurité,
La brise apaisait son murmure.

François Coppée,
Le Reliquaire

J'ai presque peur, en vérité

J'ai presque peur, en vérité,
Tant je sens ma vie enlacée
À la radieuse pensée
Qui m'a pris l'âme l'autre été,

Tant votre image, à jamais chère,
Habite en ce cœur tout à vous,
Mon cœur uniquement jaloux
De vous aimer et de vous plaire ;

Et je tremble, pardonnez-moi
D'aussi franchement vous le dire,
À penser qu'un mot, un sourire
De vous est désormais ma loi,

Et qu'il vous suffirait d'un geste.
D'une parole ou d'un clin d'œil,
Pour mettre tout mon être en deuil
De son illusion céleste.

Mais plutôt je ne veux vous voir,
L'avenir dût-il m'être sombre
Et fécond en peines sans nombre,
Qu'à travers un immense espoir,

Plongé dans ce bonheur suprême
De me dire encore et toujours,
En dépit des mornes retours,
Que je vous aime, que je t'aime

Paul Verlaine,
La bonne chanson

Partir dans un songe,
partir au bout du monde,
dans un voyage qui fait oublier les soucis,
dans une balade qui mène loin des ennuis…
C'est la force de la poésie

Je voudrais aller me promener dans les bois

Je voudrais aller me promener dans les bois ;
j'aurais un grand chapeau, une robe légère,
je me griserais d'air et de bonne lumière,
et tu me rapprendrais à marcher à ton bras.

Je voudrais aller dans un grand bois, un vieux bois,
où l'on dit que les fées se promènent encore ;
peut-être en attendant du soir jusqu'à l'aurore,
qu'une d'elles nous laisserait ouïr sa voix.

Moi je n'ai pas vu d'arbres depuis si longtemps,
ni de fleurs dans les jardins ! Celles que tu portes,
et que tu poses sur mon lit, à moitié mortes,
achèvent de mourir dans les appartements.

Ce ne sont pas de vraies fleurs libres sous le ciel ;
elles ont des robes rouges trop tuyautées,
puis, sur les draps, on dirait des taches figées,
taches de sang qui font plus pâles mes mains frêles.

J'aime mes mains à présent, elles sont si blanches!
je vois les petites veines bleues sous la peau,

je n'ai gardé à ma main gauche que l'anneau,
l'anneau d'or que tu m'as donné avec ton âme.

Mes pauvres mains ont l'air si lasses sur les draps!
Ah ! je voudrais sortir, marcher, je me sens forte,
je voudrais fuir bien loin, et refermer la porte
sur cette chambre monotone de malade.

Marie Nervat

L'invitation au voyage

Mon enfant, ma sœur,
Songe à la douceur
D'aller là-bas vivre ensemble !
Aimer à loisir,
Aimer et mourir
Au pays qui te ressemble !
Les soleils mouillés
De ces ciels brouillés
Pour mon esprit ont les charmes
Si mystérieux
De tes traîtres yeux,
Brillant à travers leurs larmes.

Là, tout n'est qu'ordre et beauté,
Luxe, calme et volupté.

Des meubles luisants,
Polis par les ans,
Décoreraient notre chambre ;
Les plus rares fleurs
Mêlant leurs odeurs
Aux vagues senteurs de l'ambre,
Les riches plafonds,
Les miroirs profonds,

La splendeur orientale,
Tout y parlerait
À l'âme en secret
Sa douce langue natale.

Là, tout n'est qu'ordre et beauté,
Luxe, calme et volupté.

Vois sur ces canaux
Dormir ces vaisseaux
Dont l'humeur est vagabonde ;
C'est pour assouvir
Ton moindre désir
Qu'ils viennent du bout du monde.
- Les soleils couchants
Revêtent les champs,
Les canaux, la ville entière,
D'hyacinthe et d'or ;
Le monde s'endort
Dans une chaude lumière.

Là, tout n'est qu'ordre et beauté,
Luxe, calme et volupté.

Charles Baudelaire,

Les Fleurs du mal

Heureux qui, comme Ulysse, a fait un beau voyage.

Heureux qui, comme Ulysse, a fait un beau
voyage,
Ou comme cestuy-là qui conquit la toison,
Et puis est retourné, plein d'usage et raison,
Vivre entre ses parents le reste de son âge !

Quand reverrai-je, hélas, de mon petit village
Fumer la cheminée, et en quelle saison
Reverrai-je le clos de ma pauvre maison,
Qui m'est une province, et beaucoup davantage ?

Plus me plaît le séjour qu'ont bâti mes aïeux,
Que des palais Romains le front audacieux,
Plus que le marbre dur me plaît l'ardoise fine :

Plus mon Loir gaulois, que le Tibre latin,
Plus mon petit Liré, que le mont Palatin,
Et plus que l'air marin la douceur angevine

Joachim du Bellay,
Les Regrets

Le relais

En voyage, on s'arrête, on descend de voiture ;
Puis entre deux maisons on passe à l'aventure,
Des chevaux, de la route et des fouets étourdi,
L'œil fatigué de voir et le corps engourdi.

Et voici tout à coup, silencieuse et verte,
Une vallée humide et de lilas couverte,
Un ruisseau qui murmure entre les peupliers, -
Et la route et le bruit sont bien vite oubliés !

On se couche dans l'herbe et l'on s'écoute vivre,
De l'odeur du foin vert à loisir on s'enivre,
Et sans penser à rien on regarde les cieux…
Hélas ! une voix crie : "En voiture, messieurs !"

Gérard de Nerval,
Odelettes

Le voyage

Je ne puis voir la mer sans rêver de voyages.

Le soir se fait, un soir ami du paysage,
Où les bateaux, sur le sable du port,
En attendant le flux prochain, dorment encore.

Oh ce premier sursaut de leurs quilles cabrées,
An fouet soudain des montantes marées !
Oh ce regonflement de vie immense et lourd
Et ces grands flots, oiseaux d'écume,
Qui s'abattent du large, en un effroi de plumes,
Et reviennent sans cesse et repartent toujours !

La mer est belle et claire et pleine de voyages.
A quoi bon s'attarder près des phares du soir
Et regarder le jeu tournant de leurs miroirs
Réverbérer au loin des lumières trop sages ?
La mer est belle et claire et pleine de voyages
Et les flammes des horizons, comme des dents,
Mordent le désir fou, dans chaque cœur ardent :
L'inconnu est seul roi des volontés sauvages.

Partez, partez, sans regarder qui vous regarde,
Sans nuls adieux tristes et doux,
Partez, avec le seul amour en vous
De l'étendue éclatante et hagarde.

Oh voir ce que personne, avec ses yeux humains,
Avant vos yeux à vous, dardés et volontaires,
N'a vu ! voir et surprendre et dompter un mystère
Et le résoudre et tout à coup s'en revenir,
Du bout des mers de la terre,
Vers l'avenir,
Avec les dépouilles de ce mystère
Triomphales, entre les mains !

Ou bien là-bas, se frayer des chemins,
A travers des forêts que la peur accapare
Dieu sait vers quels tourbillonnants essaims
De peuples nains, défiants et bizarres.
Et pénétrer leurs mœurs, leur race et leur esprit
Et surprendre leur culte et ses tortures,
Pour éclairer, dans ses recoins et dans sa nuit,
Toute la sournoise étrangeté de la nature !

Oh ! les torridités du Sud - ou bien encor
La pâle et lucide splendeur des pôles
Que le monde retient, sur ses épaules,
Depuis combien de milliers d'ans, au Nord ?
Dites, l'errance au loin en des ténèbres claires,
Et les minuits monumentaux des gels polaires,
Et l'hivernage, au fond d'un large bateau blanc,
Et les étaux du froid qui font craquer ses flancs,
Et la neige qui choit, comme une somnolence,
Des jours, des jours, des jours, dans le total silence.

Dites, agoniser là-bas, mais néanmoins,

Avec son seul orgueil têtu, comme témoin,

Vivre pour s'en aller - dès que le printemps rouge

Aura cassé l'hiver compact qui déjà bouge -

Trouer toujours plus loin ces blocs de gel uni

Et rencontrer, malgré les volontés adverses,

Quand même, un jour, ce chemin qui traverse,

De part en part, le cœur glacé de l'infini.

Je ne puis voir la mer sans rêver de voyages.

Le soir se fait, un soir ami du paysage

Où les bateaux, sur le sable du port,

En attendant le flux prochain dorment encor...

Oh ce premier sursaut de leurs quilles cabrées

Aux coups de fouet soudains des montantes marées !

Emile Verhaeren

Les forces tumultueuses

On revient toujours du rêve et de l'extase
hélas !
pour faire face à la peine et à la tristesse.

Et, il y a des soirs où,
dans ces moments pénibles de chagrin,

les poèmes savent soulager
nos âmes en détresse
à travers ces vers qui expriment nos
peines.

Tristesse

J'ai perdu ma force et ma vie,
Et mes amis et ma gaîté;
J'ai perdu jusqu'à la fierté
Qui faisait croire à mon génie.

Quand j'ai connu la Vérité,
J'ai cru que c'était une amie;
Quand je l'ai comprise et sentie,
J'en étais déjà dégoûté.

Et pourtant elle est éternelle
Et ceux qui se sont passés d'elle
Ici-bas ont tout ignoré.

Dieu parle, il faut qu'on lui réponde.
Le seul bien qui me reste au monde
Est d'avoir quelquefois pleuré.

Alfred de Musset,
Poésies nouvelles

Le Vase brisé

Le vase où meurt cette verveine
D'un coup d'éventail fut fêlé ;
Le coup dut l'effleurer à peine :
Aucun bruit ne l'a révélé.

Mais la légère meurtrissure,
Mordant le cristal chaque jour,
D'une marche invisible et sûre,
En a fait lentement le tour.

Son eau fraîche a fui goutte à goutte,
Le suc des fleurs s'est épuisé ;
Personne encore ne s'en doute,
N'y touchez pas, il est brisé.

Souvent aussi la main qu'on aime,
Effleurant le cœur, le meurtrit ;
Puis le cœur se fend de lui-même,
La fleur de son amour périt ;

Toujours intact aux yeux du monde,
Il sent croître et pleurer tout bas
Sa blessure fine et profonde ;
Il est brisé, n'y touchez pas.

Sully Prudhomme,
Stances et Poèmes

L'isolement

Souvent sur la montagne, à l'ombre du vieux chêne,
Au coucher du soleil, tristement je m'assieds ;
Je promène au hasard mes regards sur la plaine,
Dont le tableau changeant se déroule à mes pieds.

Ici gronde le fleuve aux vagues écumantes ;
Il serpente, et s'enfonce en un lointain obscur ;
Là le lac immobile étend ses eaux dormantes
Où l'étoile du soir se lève dans l'azur.

Au sommet de ces monts couronnés de bois sombres,
Le crépuscule encor jette un dernier rayon ;
Et le char vaporeux de la reine des ombres
Monte, et blanchit déjà les bords de l'horizon.

Cependant, s'élançant de la flèche gothique,
Un son religieux se répand dans les airs :
Le voyageur s'arrête, et la cloche rustique
Aux derniers bruits du jour mêle de saints concerts.

Mais à ces doux tableaux mon âme indifférente
N'éprouve devant eux ni charme ni transports ;
Je contemple la terre ainsi qu'une ombre errante
Le soleil des vivants n'échauffe plus les morts.

De colline en colline en vain portant ma vue,
Du sud à l'aquilon, de l'aurore au couchant,
Je parcours tous les points de l'immense étendue,
Et je dis : " Nulle part le bonheur ne m'attend. "

Que me font ces vallons, ces palais, ces chaumières,
Vains objets dont pour moi le charme est envolé ?
Fleuves, rochers, forêts, solitudes si chères,
Un seul être vous manque, et tout est dépeuplé !

Que le tour du soleil ou commence ou s'achève,
D'un œil indifférent je le suis dans son cours ;
En un ciel sombre ou pur qu'il se couche ou se lève,
Qu'importe le soleil ? je n'attends rien des jours.

Quand je pourrais le suivre en sa vaste carrière,
Mes yeux verraient partout le vide et les déserts :
Je ne désire rien de tout ce qu'il éclaire;
Je ne demande rien à l'immense univers.

Mais peut-être au-delà des bornes de sa sphère,
Lieux où le vrai soleil éclaire d'autres cieux,
Si je pouvais laisser ma dépouille à la terre,
Ce que j'ai tant rêvé paraîtrait à mes yeux !

Là, je m'enivrerais à la source où j'aspire ;

Là, je retrouverais et l'espoir et l'amour,

Et ce bien idéal que toute âme désire,

Et qui n'a pas de nom au terrestre séjour !

Que ne puîs-je, porté sur le char de l'Aurore,

Vague objet de mes vœux, m'élancer jusqu'à toi !

Sur la terre d'exil pourquoi resté-je encore ?

Il n'est rien de commun entre la terre et moi.

Quand là feuille des bois tombe dans la prairie,

Le vent du soir s'élève et l'arrache aux vallons ;

Et moi, je suis semblable à la feuille flétrie :

Emportez-moi comme elle, orageux aquilons !

Alphonse de Lamartine,

Méditations Poétiques, 1820

L'amant désespéré

Forêts solitaires et sombres,
Je viens, dévoré de douleurs,
Sous vos majestueuses ombres,
Du repos qui me fuit respirer les douceurs.

Recherchez, vains mortels, le tumulte des villes ;
Ce qui charme vos yeux aux miens est en horreur:
Ce silence imposant, ces lugubres asiles,
Voilà ce qui peut plaire au trouble de mon cœur.

Arbres, répondez-moi !... Cachez-vous ma Sylvie?
Sylvie, ô ma Sylvie !... Elle ne m'entend pas.
Tyrans de ces forêts, me l'auriez-vous ravie ?
Hélas ! je cherche en vain la trace de ses pas.

Nicolas Gilbert

Il pleure dans mon cœur

Il pleure dans mon cœur
Comme il pleut sur la ville;
Quelle est cette langueur
Qui pénètre mon cœur ?

O bruits doux de la pluie,
Par terre et sur les toits !
Pour un cœur qui s'ennuie
Oh ! le chant de la pluie !

Il pleure sans raison
Dans ce cœur qui s'écœure.
Quoi ! nulle trahison ? ..
Ce deuil est sans raison.

C'est bien la pire peine
De ne savoir pourquoi
Sans amour et sans haine
Mon cœur a tant de peine !

Paul Verlaine,
Romances sans paroles

Je disais l'autre jour...

Je disais l'autre jour ma peine et ma tristesse
Sur le bord sablonneux d'un ruisseau dont le cours
Murmurant s'accordait au langoureux discours
Que je faisais assis proche de ma maîtresse.

L'occasion lui fit trouver une finesse :
Silvandre, me dit-elle, objet de mes amours,
Afin de t'assurer que j'aimerai toujours,
Ma main dessus cette eau t'en signe la promesse.

Je crus tout aussitôt que ces divins serments,
Commençant mon bonheur, finiraient mes tourments,
Et qu'enfin je serais le plus heureux des hommes.

Mais, ô pauvre innocent, de quoi faisais-je cas ?
Étant dessus le sable elle écrivait sur l'onde,
Afin que ses serments ne l'obligeassent pas.

Pierre de Marbeuf

La maison vide

Petite maison basse, au grand chapeau pointu,
Qui, d'hiver en hiver, semble s'être enfoncée
Dans la terre sans fleurs, autour d'elle amassée.
Petite maison grise, au grand chapeau pointu,
Au lointain bleu, là-bas, dis-le-moi, que vois-tu?

Par les yeux clignotants de ta lucarne rousse,
Pour voir plus clair, plus loin, tu sembles faire effort,
Et froncer les sourcils sous ton chapeau de mousse.
Vers ces couchants de rêve où le soleil s'endort,
Pour voir plus clair, plus loin, tu sembles faire effort.

Il est couché, là-bas, au fond du cimetière,
Celui qui t'aime encore autant que tu l'aimais.
Petite maison vieille, au chapeau de poussière,
Celui qui t'aime encore autant que tu l'aimais,
L'absent, tant regretté, ne reviendra jamais.

Nérée Beauchemin
Patrie intime

Quand l'avenir pour moi n'a pas une espérance

Quand l'avenir pour moi n'a pas une espérance,
Quand pour moi le passé n'a pas un souvenir,
Où puisse, dans son vol qu'elle a peine à finir,
Un instant se poser mon Âme en défaillance ;

Quand un jour pur jamais n'a lui sur mon enfance,
Et qu'à vingt ans ont fui, pour ne plus revenir,
L'Amour aux ailes d'or, que je croyais tenir,
Et la Gloire emportant les hymnes de la France ;

Quand la Pauvreté seule, au sortir du berceau,
M'a pour toujours marqué de son terrible sceau,
Qu'elle a brisé mes vœux, enchaîné ma jeunesse,

Pourquoi ne pas mourir ? de ce monde trompeur
Pourquoi ne pas sortir sans colère et sans peur,
Comme on laisse un ami qui tient mal sa promesse ?

Charles Augustin Saint-Beuve,

Poésies

56

Le dormeur du val

C'est un trou de verdure où chante une rivière,
Accrochant follement aux herbes des haillons
D'argent ; où le soleil, de la montagne fière,
Luit : c'est un petit val qui mousse de rayons.

Un soldat jeune, bouche ouverte, tête nue,
Et la nuque baignant dans le frais cresson bleu,
Dort ; il est étendu dans l'herbe, sous la nue,
Pâle dans son lit vert où la lumière pleut.

Les pieds dans les glaïeuls, il dort. Souriant comme
Sourirait un enfant malade, il fait un somme :
Nature, berce-le chaudement : il a froid.

Les parfums ne font pas frissonner sa narine ;
Il dort dans le soleil, la main sur sa poitrine,
Tranquille. Il a deux trous rouges au côté droit.

Arthur Rimbaud,
Poésies

Après la bataille

Mon père, ce héros au sourire si doux,
Suivi d'un seul housard qu'il aimait entre tous
Pour sa grande bravoure et pour sa haute taille,
Parcourait à cheval, le soir d'une bataille,
Le champ couvert de morts sur qui tombait la nuit.
Il lui sembla dans l'ombre entendre un faible bruit.
C'était un Espagnol de l'armée en déroute
Qui se traînait sanglant sur le bord de la route,
Râlant, brisé, livide, et mort plus qu'à moitié.
Et qui disait: " A boire! à boire par pitié ! "
Mon père, ému, tendit à son housard fidèle
Une gourde de rhum qui pendait à sa selle,
Et dit: "Tiens, donne à boire à ce pauvre blessé. "
Tout à coup, au moment où le housard baissé
Se penchait vers lui, l'homme, une espèce de maure,
Saisit un pistolet qu'il étreignait encore,
Et vise au front mon père en criant: "Caramba! "
Le coup passa si près que le chapeau tomba
Et que le cheval fit un écart en arrière.
" Donne-lui tout de même à boire ", dit mon père.

Victor Hugo
La légende des siècles

Que sont mes amis devenus

Que sont mes amis devenus
Que j'avais de si près tenus
Et tant aimés
Ils ont été trop clairsemés
Je crois le vent les a ôtés
L'amour est morte
Ce sont amis que vent me porte
Et il ventait devant ma porte
Les emporta

Avec le temps qu'arbre défeuille
Quand il ne reste en branche feuille
Qui n'aille à terre
Avec pauvreté qui m'atterre
Qui de partout me fait la guerre
Au temps d'hiver
Ne convient pas que vous raconte
Comment je me suis mis à honte
En quelle manière

Que sont mes amis devenus
Que j'avais de si près tenus
Et tant aimés
Ils ont été trop clairsemés
Je crois le vent les a ôtés

L'amour est morte
Le mal ne sait pas seul venir
Tout ce qui m'était à venir
M'est advenu

Pauvre sens et pauvre mémoire
M'a Dieu donné, le roi de gloire
Et pauvre rente
Et droit au cul quand bise vente
Le vent me vient, le vent m'évente
L'amour est morte
Ce sont amis que vent emporte
Et il ventait devant ma porte
Les emporta

Rutebeuf

Et le temps passe…
Comme il passe vite !
C'est triste quand il finit
pour l'homme qui aime la vie

Sonnets

Lorsque quarante hivers assiégeront ton front et creuseront des tranchées profondes dans le champ de ta beauté, la fière livrée de ta jeunesse, si admirée maintenant, ne sera qu'une guenille dont on fera peu de cas.

Si l'on te demandait alors où est toute ta beauté, où est tout le trésor de tes jours florissants, et si tu répondais que tout cela est dans tes yeux creusés, ce serait une honte dévorante et un stérile éloge.

Combien l'emploi de ta beauté mériterait plus de louange, si tu pouvais répondre : « Ce bel enfant né de moi sera le total de ma vie et l'excuse de ma vieillesse ; » et si tu prouvais que sa beauté est tienne par succession !

Ainsi tu redeviendrais jeune alors que tu vieillirais, et tu verrais se réchauffer ton sang quand tu le sentirais se refroidir.

Shakespeare
Sonnets

Le vieillard et les trois jeunes hommes

Un octogénaire plantait.
Passe encor de bâtir, mais planter à cet âge !
Disaient trois jouvenceaux, enfants du voisinage :
Assurément il radotait.
Car, au nom des dieux, je vous prie,
Quel fruit de ce labeur pouvez-vous recueillir ?
Autant qu'un patriarche il vous faudrait vieillir.
À quoi bon charger votre vie
Des soins d'un avenir qui n'est pas fait pour vous ?
Ne songez désormais qu'à vos erreurs passées ;
Quittez le long espoir et les vastes pensées ;
Tout cela ne convient qu'à nous. —
Il ne convient pas à vous-mêmes,
Repartit le vieillard. Tout établissement
Vient tard, et dure peu. La main des Parques blêmes
De vos jours et des miens se joue également.
Nos termes sont pareils par leur courte durée.
Qui de nous des clartés de la voûte azurée
Doit jouir le dernier ? Est-il aucun moment
Qui vous puisse assurer d'un second seulement ?

Mes arrière-neveux me devront cet ombrage :

Eh bien ! défendez-vous au sage

De se donner des soins pour le plaisir d'autrui ?

Cela même est un fruit que je goûte aujourd'hui :

J'en puis jouir demain, et quelques jours encore ;

Je puis enfin compter l'aurore

Plus d'une fois sur vos tombeaux.

Le Vieillard eut raison : l'un des trois jouvenceaux

Se noya dès le port, allant à l'Amérique ;

L'autre, afin de monter aux grandes dignités,

Dans les emplois de Mars servant la république,

Par un coup imprévu vit ses jours emportés ;

Le troisième tomba d'un arbre

Que lui-même il voulut enter ;

Et, pleurés du vieillard, il grava sur leur marbre

Ce que je viens de raconter.

Jean de la Fontaine

Fables

Dernier vœu

Voilà longtemps que je vous aime :
- L'aveu remonte à dix-huit ans ! -
Vous êtes rose, je suis blême ;
J'ai les hivers, vous les printemps.

Des lilas blancs de cimetière
Prés de mes tempes ont fleuri ;
J'aurai bientôt la touffe entière
Pour ombrager mon front flétri.

Mon soleil pâli qui décline
Va disparaître à l'horizon,
Et sur la funèbre colline
Je vois ma dernière maison.

Oh ! que de votre lèvre il tombe
Sur ma lèvre un tardif baiser,
Pour que je puisse dans ma tombe,
Le cœur tranquille, reposer !

Théophile Gautier
Emaux et Camées

Le Lac

Ainsi, toujours poussés vers de nouveaux rivages,
Dans la nuit éternelle emportés sans retour,
Ne pourrons-nous jamais sur l'océan des âges
Jeter l'ancre un seul jour ?

Ô lac ! l'année à peine a fini sa carrière,
Et près des flots chéris qu'elle devait revoir,
Regarde ! je viens seul m'asseoir sur cette pierre
Où tu la vis s'asseoir !

Tu mugissais ainsi sous ces roches profondes,
Ainsi tu te brisais sur leurs flancs déchirés,
Ainsi le vent jetait l'écume de tes ondes
Sur ses pieds adorés.

Un soir, t'en souvient-il ? nous voguions en silence,
On entendait au loin, sur l'onde et sous les cieux,
Que le bruit des rameurs qui frappaient en cadence
Tes flots harmonieux.

Tout à coup des accents inconnus à la terre
Du rivage charmé frappèrent les échos ;
Le flot fut attentif, et la voix qui m'est chère
Laissa tomber ces mots :

"Ô temps ! suspends ton vol, et vous, heures
propices !

Suspendez votre cours :
Laissez-nous savourer les rapides délices
Des plus beaux de nos jours !

"Assez de malheureux ici-bas vous implorent,
Coulez, coulez pour eux ;
Prenez avec leurs jours les soins qui les dévorent ;
Oubliez les heureux.

"Mais je demande en vain quelques moments encore,
Le temps m'échappe et fuit ;
Je dis à cette nuit : Sois plus lente ; et l'aurore
Va dissiper la nuit.

"Aimons donc, aimons donc ! de l'heure fugitive,
Hâtons-nous, jouissons !
L'homme n'a point de port, le temps n'a point de rive;
Il coule, et nous passons !"

Temps jaloux, se peut-il que ces moments d'ivresse,
Où l'amour à longs flots nous verse le bonheur,
S'envolent loin de nous de la même vitesse
Que les jours de malheur ?

Eh quoi ! n'en pourrons-nous fixer au moins la trace?
Quoi ! passés pour jamais ! quoi ! tout entiers perdus!
Ce temps qui les donna, ce temps qui les efface,
Ne nous les rendra plus !

Éternité, néant, passé, sombres abîmes,

Que faites-vous des jours que vous engloutissez ?
Parlez : nous rendrez-vous ces extases sublimes
Que vous nous ravissez ?

Ô lac ! rochers muets ! grottes ! forêt obscure !
Vous, que le temps épargne ou qu'il peut rajeunir,
Gardez de cette nuit, gardez, belle nature,
Au moins le souvenir !

Qu'il soit dans ton repos, qu'il soit dans tes orages,
Beau lac, et dans l'aspect de tes riants coteaux,
Et dans ces noirs sapins, et dans ces rocs sauvages
Qui pendent sur tes eaux.

Qu'il soit dans le zéphyr qui frémit et qui passe,
Dans les bruits de tes bords par tes bords répétés,
Dans l'astre au front d'argent qui blanchit ta surface
De ses molles clartés.

Que le vent qui gémit, le roseau qui soupire,
Que les parfums légers de ton air embaumé,
Que tout ce qu'on entend, l'on voit ou l'on respire,
Tous disent : Ils ont aimé !

Alphonse de Lamartine
Méditations Poétiques

Stances

Marquise si mon visage
A quelques traits un peu vieux,
Souvenez-vous qu'à mon âge
Vous ne vaudrez guère mieux.

Le temps aux plus belles choses
Se plaît à faire un affront,
Et saura faner vos roses
Comme il a ridé mon front.

Le même cours des planètes
Règle nos jours et nos nuits:
On m'a vu ce que vous êtes
Vous serez ce que je suis.

Cependant j'ai quelques charmes
Qui sont assez éclatants
Pour n'avoir pas trop d'alarmes
De ces ravages du temps.

Vous en avez qu'on adore;
Mais ceux que vous méprisez
Pourraient bien durer encore
Quand ceux-là seront usés.

Ils pourront sauver la gloire
Des yeux qui me semblent doux,
Et dans mille ans faire croire
Ce qu'il me plaira de vous.

Chez cette race nouvelle,
Où j'aurai quelque crédit,
Vous ne passerez pour belle
Qu'autant que je l'aurai dit.

Pensez-y, belle Marquise.
Quoiqu'un grison fasse effroi,
Il vaut bien qu'on le courtise,
Quand il est fait comme moi.

Pierre Corneille
Recueil de Sercy

Les yeux

Bleus ou noirs, tous aimés, tous beaux,
Des yeux sans nombre ont vu l'aurore ;
Ils dorment au fond des tombeaux
Et le soleil se lève encore.

Les nuits plus douces que les jours
Ont enchanté des yeux sans nombre;
Les étoiles brillent toujours
Et les yeux se sont remplis d'ombre.

Oh ! qu'ils aient perdu le regard,
Non, non, cela n'est pas possible !
Ils se sont tournés quelque part
Vers ce qu'on nomme l'invisible ;

Et comme les astres penchants,
Nous quittent, mais au ciel demeurent,
Les prunelles ont leurs couchants,
Mais il n'est pas vrai qu'elles meurent :

Bleus ou noirs, tous aimés, tous beaux,
Ouverts à quelque immense aurore,
De l'autre côté des tombeaux
Les yeux qu'on ferme voient encore.

Sully Prudhomme
Stances et Poèmes

Jusqu'au plaisir de nous revoir

Quand un poète en son extase
Vous lit son ode ou son bouquet,
Quand un conteur traîne sa phrase,
Quand on écoute un perroquet,
Ne trouvant pas le mot pour rire,
On dort, on baille en son mouchoir,
On attend le moment de dire:
Jusqu'au plaisir de nous revoir.

Mais tête-à-tête avec sa belle,
Ou bien avec des gens d'esprit,
Le vrai bonheur se renouvelle,
On est content, l'on chante, on rit.
Prolongez vos paisibles veilles,
Et chantez vers la fin du soir
À vos amis, à vos bouteilles:
Jusqu'au plaisir de nous revoir.

Amis, la vie est un passage
Et tout s'écoule avec le temps,
L'amour aussi n'est qu'un volage,
Un oiseau de notre printemps;
Trop tôt il fuit, riant sous cape —
C'est pour toujours, adieu l'Espoir!
On ne dit pas dès qu'il s'échappe:
Jusqu'au plaisir de nous revoir.

Le temps s'enfuit triste et barbare
Et tôt ou tard on va *là-haut*.
Souvent — le cas n'est pas si rare —
Hasard nous sauve du tombeau.
Des maux s'éloignent les cohortes
Et le squelette horrible et noir
S'en va frappant à d'autres portes:
Jusqu'au plaisir de nous revoir.

Mais quoi? je sens que je me lasse
En lassant mes chers auditeurs,
Allons, je descends du Parnasse —
Il n'est pas fait pour les chanteurs,
Pour des couplets mon feu s'allume,
Sur un refrain j'ai du pouvoir,
C'est bien assez — adieu, ma plume!
Jusqu'au plaisir de nous revoir.

Alexandre Pouchkine

La mer,
elle fascine, elle apaise, elle effraie
elle inspire le poète
et fait parfois rêver de liberté.

L'homme et la mer

Homme libre, toujours tu chériras la mer !
La mer est ton miroir ; tu contemples ton âme
Dans le déroulement infini de sa lame,
Et ton esprit n'est pas un gouffre moins amer.

Tu te plais à plonger au sein de ton image ;
Tu l'embrasses des yeux et des bras, et ton cœur
Se distrait quelquefois de sa propre rumeur
Au bruit de cette plainte indomptable et sauvage.

Vous êtes tous les deux ténébreux et discrets :
Homme, nul n'a sondé le fond de tes abîmes ;
Ô mer, nul ne connaît tes richesses intimes,
Tant vous êtes jaloux de garder vos secrets !

Et cependant voilà des siècles innombrables
Que vous vous combattez sans pitié ni remord,
Tellement vous aimez le carnage et la mort,
Ô lutteurs éternels, ô frères implacables !

Charles Baudelaire

Les Fleurs du mal

Brise marine

La chair est triste, hélas ! et j'ai lu tous les livres.
Fuir ! là-bas fuir! Je sens que des oiseaux sont ivres
D'être parmi l'écume inconnue et les cieux !
Rien, ni les vieux jardins reflétés par les yeux
Ne retiendra ce cœur qui dans la mer se trempe
Ô nuits ! ni la clarté déserte de ma lampe
Sur le vide papier que la blancheur défend
Et ni la jeune femme allaitant son enfant.
Je partirai ! Steamer balançant ta mâture,
Lève l'ancre pour une exotique nature !

Un Ennui, désolé par les cruels espoirs,
Croit encore à l'adieu suprême des mouchoirs !
Et, peut-être, les mâts, invitant les orages,
Sont-ils de ceux qu'un vent penche sur les naufrages
Perdus, sans mâts, sans mâts, ni fertiles îlots …
Mais, ô mon cœur, entends le chant des matelots !

Stéphane Mallarmé

Oceano Nox

Oh ! combien de marins, combien de capitaines
Qui sont partis joyeux pour des courses lointaines,
Dans ce morne horizon se sont évanouis ?
Combien ont disparu, dure et triste fortune
Dans une mer sans fond, par une nuit sans lune,
Sous l'aveugle océan à jamais enfoui ?

Combien de patrons morts avec leurs équipages ?
L'ouragan de leur vie a pris toutes les pages
Et d'un souffle il a tout dispersé sur les flots !
Nul ne saura leur fin dans l'abîme plongée,
Chaque vague en passant d'un butin s'est chargée;
L'une a saisi l'esquif, l'autre les matelots !

Nul ne sait votre sort, pauvres têtes perdues !
Vous roulez à travers les sombres étendues,
Heurtant de vos fronts morts des écueils inconnus
Oh ! que de vieux parents qui n'avaient plus qu'un
rêve,
Sont morts en attendant tous les jours sur la grève
Ceux qui ne sont pas revenus !

On demande "Où sont-ils ? Sont-ils rois dans quelque
île?
Nous ont-ils délaissés pour un bord plus fertile ?"

Puis, votre souvenir même est enseveli.
Le corps se perd dans l'eau, le nom dans la mémoire.
Le temps qui sur toute ombre en verse une plus noire,
Sur le sombre océan jette le sombre oubli.

On s'entretient de vous parfois dans les veillées,
Maint joyeux cercle, assis sur les ancres rouillées,
Mêle encore quelque temps vos noms d'ombre
couverts,
Aux rires, aux refrains, aux récits d'aventures,
Aux baisers qu'on dérobe à vos belles futures
Tandis que vous dormez dans les goémons verts !

Bientôt des yeux de tous votre ombre est disparue.
L'un n'a-t-il pas sa barque et l'autre sa charrue ?
Seules, durant ces nuits où l'orage est vainqueur,
Vos veuves aux fronts blancs, lasses de vous attendre,
Parlent encore de vous en remuant la cendre
De leur foyer et de leur cœur !

Et quand la tombe enfin a fermé leur paupière,
Rien ne sait plus vos noms, pas même une humble
pierre
Dans l'étroit cimetière où l'écho nous répond,
Pas même un saule vert qui s'effeuille à l'automne,
Pas même la chanson naïve et monotone

Que chante un mendiant à l'angle d'un vieux pont!

Où sont-ils, les marins sombrés dans les nuits noires ?
Ô flots ! que vous savez de lugubres histoires !
Flots profonds redoutés des mères à genoux !
Vous vous les racontez en montant les marées,
Et c'est ce qui vous fait ces voix désespérées
Que vous avez le soir, quand vous venez vers nous...

Victor Hugo

Les rayons et les ombres

L'appel du large

Un matin nous partons, le cerveau plein de flamme,
Le cœur gros de rancune et de désirs amers,
Et nous allons, suivant le rythme de la lame,
Berçant notre infini sur le fini des mers.

Mais les vrais voyageurs sont ceux-là seuls qui partent
Pour partir, cœurs légers, semblables aux ballons,
De leur fatalité jamais ils ne s'écartent,
Et sans savoir pourquoi, disent toujours : Allons!

Amer savoir, celui qu'on tire du voyage !
Le monde, monotone et petit, aujourd'hui,
Hier, demain, toujours, nous fait voir notre image:
Une oasis d'horreur dans un désert d'ennui !

Charles Baudelaire

Les Fleurs du mal

Au bord de la mer

La lune de ses mains distraites
A laissé choir, du haut de l'air,
Son grand éventail à paillettes
Sur le bleu tapis de la mer.

Pour le ravoir elle se penche
Et tend son beau bras argenté ;
Mais l'éventail fuit sa main blanche,
Par le flot qui passe emporté.

Au gouffre amer pour te le rendre,
Lune, j'irais bien me jeter,
Si tu voulais du ciel descendre,
Au ciel si je pouvais monter !

Théophile Gautier
Espana

Et la mer et l'amour ont l'amer pour partage

Et la mer et l'amour ont l'amer pour partage,
Et la mer est amère, et l'amour est amer,
L'on s'abîme en l'amour aussi bien qu'en la mer,
Car la mer et l'amour ne sont point sans orage.

Celui qui craint les eaux qu'il demeure au rivage,
Celui qui craint les maux qu'on souffre pour aimer,
Qu'il ne se laisse pas à l'amour enflammer,
Et tous deux ils seront sans hasard de naufrage.

La mère de l'amour eut la mer pour berceau,
Le feu sort de l'amour, sa mère sort de l'eau,
Mais l'eau contre ce feu ne peut fournir des armes.

Si l'eau pouvait éteindre un brasier amoureux,
Ton amour qui me brûle est si fort douloureux,
Que j'eusse éteint son feu de la mer de mes larmes.

Pierre de Marbeuf

Un coucher de soleil, en Bretagne

Les ajoncs éclatants, parure du granit,
Dorent l'âpre sommet que le couchant allume.
Au loin, brillante encore par sa barre d'écume,
La mer sans fin, commence où la terre finit !

À mes pieds, c'est la nuit, le silence. Le nid
Se tait. L'homme est rentré sous le chaume qui fume;
Seul l'Angélus du soir, ébranlé dans la brume,
À la vaste rumeur de l'Océan s'unit.

Alors, comme du fond d'un abîme, des traînes,
Des landes, des ravins, montent des voix lointaines
De pâtres attardés ramenant le bétail.

L'horizon tout entier s'enveloppe dans l'ombre,
Et le soleil mourant, sur un ciel riche et sombre,
Ferme les branches d'or de son rouge éventail.

José Maria de Hérédia
La Nature et le rêve (Les Trophées).

Ô Poètes ! ...Ô Merveilles !

Des vers instructifs et inoubliables…

Si, … tu seras un homme, mon fils

Si tu peux voir détruit l'ouvrage de ta vie
Et sans dire un seul mot te mettre à rebâtir,
Ou perdre d'un seul coup le gain de cent parties
Sans un geste et sans un soupir ;

Si tu peux être amant sans être fou d'amour,
Si tu peux être fort sans cesser d'être tendre
Et, te sentant haï, sans haïr à ton tour,
Pourtant lutter et te défendre ;

Si tu peux supporter d'entendre tes paroles
Travesties par des gueux pour exciter des sots,
Et d'entendre mentir sur toi leurs bouches folles
Sans mentir toi-même d'un seul mot ;

Si tu peux rester digne en étant populaire,
Si tu peux rester peuple en conseillant les rois
Et si tu peux aimer tous tes amis en frère
Sans qu'aucun d'eux soit tout pour toi ;

Si tu sais méditer, observer et connaître
Sans jamais devenir sceptique ou destructeur,
Rêver, mais sans laisser le rêve être ton maître,
Penser sans n'être qu'un penseur ;

Si tu peux être dur sans jamais être en rage,

Si tu peux être brave et jamais imprudent,
Si tu sais être bon, si tu sais être sage
Sans être moral ni pédant ;

Si tu peux rencontrer Triomphe après Défaite
Et recevoir ces deux menteurs d'un même front,
Si tu peux conserver ton courage et ta tête
Quand tous les autres les perdront,

Alors les Rois, les Dieux, la Chance et la Victoire
Seront à tout jamais tes esclaves soumis
Et, ce qui vaut bien mieux que les Rois et la Gloire,
Tu seras un homme, mon fils.

Rudyard Kipling

Le Corbeau et le Renard

Maître Corbeau, sur un arbre perché,
Tenait en son bec un fromage.
Maître Renard, par l'odeur alléché,
Lui tint à peu près ce langage :
"Hé ! bonjour, Monsieur du Corbeau.
Que vous êtes joli ! que vous me semblez beau !
Sans mentir, si votre ramage
Se rapporte à votre plumage,
Vous êtes le Phénix des hôtes de ces bois. "
À ces mots le Corbeau ne se sent pas de joie ;
Et pour montrer sa belle voix,
Il ouvre un large bec, laisse tomber sa proie.
Le Renard s'en saisit, et dit : "Mon bon Monsieur,
Apprenez que tout flatteur
Vit aux dépens de celui qui l'écoute :
Cette leçon vaut bien un fromage, sans doute. "
Le Corbeau, honteux et confus,
Jura, mais un peu tard, qu'on ne l'y prendrait plus.

Jean de la Fontaine
Les Fables

L'Albatros

Souvent, pour s'amuser, les hommes d'équipage
Prennent des albatros, vastes oiseaux des mers,
Qui suivent, indolents compagnons de voyage,
Le navire glissant sur les gouffres amers.

À peine les ont-ils déposés sur les planches,
Que ces rois de l'azur, maladroits et honteux,
Laissent piteusement leurs grandes ailes blanches
Comme des avirons traîner à côté d'eux.

Ce voyageur ailé, comme il est gauche et veule !
Lui, naguère si beau, qu'il est comique et laid !
L'un agace son bec avec un brûle-gueule,
L'autre mime, en boitant, l'infirme qui volait !

Le Poète est semblable au prince des nuées
Qui hante la tempête et se rit de l'archer ;
Exilé sur le sol au milieu des huées,
Ses ailes de géant l'empêchent de marcher.

Charles Baudelaire

Les fleurs du mal

Nuit de neige

La grande plaine est blanche, immobile et sans voix.
Pas un bruit, pas un son ; toute vie est éteinte.
Mais on entend parfois, comme une morne plainte,
Quelque chien sans abri qui hurle au coin d'un bois.

Plus de chansons dans l'air, sous nos pieds plus de
chaumes.
L'hiver s'est abattu sur toute floraison;
Des arbres dépouillés dressent à l'horizon
Leurs squelettes blanchis ainsi que des fantômes.

La lune est large et pâle et semble se hâter.
On dirait qu'elle a froid dans le grand ciel austère.
De son morne regard elle parcourt la terre,
Et, voyant tout désert, s'empresse à nous quitter.

Et froids tombent sur nous les rayons qu'elle darde,
Fantastiques lueurs qu'elle s'en va semant ;
Et la neige s'éclaire au loin, sinistrement,
Aux étranges reflets de la clarté blafarde.

Oh ! la terrible nuit pour les petits oiseaux !
Un vent glacé frissonne et court par les allées ;
Eux, n'ayant plus l'asile ombragé des berceaux,
Ne peuvent pas dormir sur leurs pattes gelées.

Dans les grands arbres nus que couvre le verglas
Ils sont là, tout tremblants, sans rien qui les protège ;
De leur œil inquiet ils regardent la neige,
Attendant jusqu'au jour la nuit qui ne vient pas.

Guy de Maupassant

Des Vers

Les corbeaux

Les noirs corbeaux au noir plumage,
Que chassa le vent automnal,
Revenus de leur long voyage,
Croassent dans le ciel vernal.

Les taillis, les buissons moroses
Attendent leurs joyeux oiseaux :
Mais, au lieu des gais virtuoses,
Arrivent premiers les corbeaux.

Pour charmer le bois qui s'ennuie,
Ces dilettantes sans rival,
Ce soir, par la neige et la pluie,
Donneront un grand festival.

Les rêveurs, dont l'extase est brève,
Attendent des vols d'oiseaux d'or ;
Mais, au lieu des oiseaux du rêve,
Arrive le sombre condor.

Mars pleure avant de nous sourire.
La grêle tombe en plein été.
L'homme, né pour les deuils, soupire
Et pleure avant d'avoir chanté.

Nérée Beauchemin

Les floraisons matutinales

Harmonie du soir

Voici venir les temps où vibrant sur sa tige
Chaque fleur s'évapore ainsi qu'un encensoir ...
Les sons et les parfums tournent dans l'air du soir,
Valse mélancolique et langoureux vertige !

Chaque fleur s'évapore ainsi qu'un encensoir,
Le violon frémit comme un cœur qu'on afflige,
Valse mélancolique et langoureux vertige !
Le ciel est triste et beau comme un grand reposoir.

Le violon frémit comme un cœur qu'on afflige,
Un cœur tendre, qui hait le néant vaste et noir !
Le ciel est triste et beau comme un grand reposoir,
Le soleil s'est noyé dans son sang qui se fige.

Un cœur tendre, qui hait le néant vaste et noir !
Du passé lumineux recueille tout vestige !
Le soleil s'est noyé dans son sang qui se fige.
Ton souvenir en moi luit comme un ostensoir !

Charles Baudelaire

Les Fleurs du mal

À des âmes envolées

Ces âmes que tu rappelles,
Mon cœur, ne reviennent pas.
Pourquoi donc s'obstinent-elles,
Hélas ! à rester là-bas ?

Dans les sphères éclatantes,
Dans l'azur et les rayons,
Sont-elles donc plus contentes
Qu'avec nous qui les aimions ?

Nous avions sous les tonnelles
Une maison près Saint-Leu.
Comme les fleurs étaient belles !
Comme le ciel était bleu !

Parmi les feuilles tombées,
Nous courions au bois vermeil ;
Nous cherchions des scarabées
Sur les vieux murs au soleil ;

On riait de ce bon rire
Qu'Éden jadis entendit,

Ayant toujours à se dire
Ce qu'on s'était déjà dit ;

Je contais la Mère l'Oie ;
On était heureux, Dieu sait !
On poussait des cris de joie
Pour un oiseau qui passait.

Victor Hugo
L'art d'être grand-père

L'Attente

C'est la vie au ralenti,
c'est le cœur à rebours,
c'est une espérance et demie:
trop et trop peu à son tour.

C'est le train qui s'arrête en plein
chemin sans nulle station
et on entend le grillon
et on contemple en vain

Penché à la portière,
d'un vent que l'on sent, agités
les prés fleuris, les prés
que l'arrêt rend imaginaires.

Rainer Maria Rilke

Consolation

Ne sois pas étonné si la foule, ô poète,

Dédaigne de gravir ton œuvre jusqu'au faîte ;

La foule est comme l'eau qui fuit les hauts
sommets,

Où le niveau n'est pas, elle ne vient jamais.

Donc, sans prendre à lui plaire une peine perdue,

Ne fais pas d'escalier à ta pensée ardue

Une rampe aux boiteux ne rend pas le pied sûr.

Que le pic solitaire escalade l'azur,

L'aigle saura l'atteindre avec un seul coup d'aile,

Et posera son pied sur la neige éternelle,

La neige immaculée, au pur reflet d'argent,

Pour que Dieu, dans son œuvre allant et
voyageant,

Comprenne que toujours on fréquente les cimes

Et qu'on monte au sommet des poèmes sublimes.

Théophile Gautier

Espana

Un Vieux Lapin

Ce vieux, poilu comme un lapin,
Qui s'en va mendiant son pain,
Clopin-clopant, clopant-clopin,

Où va-t-il ? D'où vient-il ? Qu'importe !
Suivant le hasard qui l'emporte
Il chemine de porte en porte.

Un pied nu, l'autre sans soulier,
Sur son bâton de cornouiller,
Il fait plus de pas qu'un roulier.

Il dévore en rêvant les lieues
Sur les routes à longues queues
Qui vont vers les collines bleues,

Là-bas, là-bas, dans ce lointain
Qui recule chaque matin
Et qui, le soir, n'est pas atteint.

Jean Richepin

Le Chat

Je souhaite dans ma maison :

Une femme ayant sa raison,

Un chat passant parmi les livres,

Des amis en toute saison

Sans lesquels je ne peux pas vivre.

Guillaume Apollinaire
Le Bestiaire, ou Cortège d'Orphée.

www.ingramcontent.com/pod-product-compliance
Lightning Source LLC
Chambersburg PA
CBHW032014040426
42448CB00006B/625